L'AVISO « AUBE » ET LE CROISEUR « DUGUAY-TROUIN » EN RADE DE PAPEETE.

LA POLITIQUE FRANÇAISE EN OCÉANIE

I

En 1884, M. Paul Deschanel dans son ouvrage sur la *Politique française en Océanie*, précisait la ligne de conduite à suivre par notre gouvernement en ce qui concernait nos droits sur tout l'archipel de la Société :

« Nous ne saurions, disait l'éminent écrivain, aujourd'hui président de la Chambre, permettre à aucune puissance de s'établir dans les Iles-sous-le-Vent situées à 60 milles environ de notre colonie et qui en sont une dépendance naturelle. Le percement de l'isthme de Panama fera de Papeete une des stations importantes de la ligne de l'Europe à l'Australie : nous ne devons donc pas laisser une autre nation détourner à son profit un courant d'affaires et d'influences qui nous appartient par la position que nous avons prise. La résiliation du traité de 1847 (1) est le seul moyen de donner à notre colonie polynésienne une situation nette et de mettre fin à toutes ces incertitudes au milieu desquelles elle se débat depuis trop longtemps. Le maintien de ce traité serait la ruine de notre influence, de notre prestige et de nos intérêts en Océanie. Les Hollandais ont occupé les Moluques pour garantir Java ; les Anglais ont occupé Rotu-

---

(1). En mai 1847, Pomaré IV, qui avait continué jusqu'alors à bouder le gouvernement français, accepta le protectorat pour les Iles-du-Vent, mais elle réserva, grâce aux menées anglaises sa souveraineté entière sur les Iles-sous-le-Vent. Voir pour l'histoire de l'établissement de la France à Taïti, la *Conquête de l'Océanie* par PAUL BARRÉ (Revue de Géographie novembre 1894), et LE CHARTIER *Taïti*, (ancienne librairie Furne). Voir également *Dictionnaire de Géographie* de *Vivien de St-Martin*, Archipel de la Société, Iles-sous-le-Vent, Taïti), et le *Supplément* de cet ouvrage.

mah pour garantir les Fidji ; il nous faut occuper les Iles-sous-le-Vent pour garantir Taïti (1). »

Cette opinion, si catégoriquement exprimée, était d'ailleurs partagée sans réserves par tous ceux qui avaient étudié de près et impartialement cette question d'un intérêt capital. « Il est permis d'espérer, écrivait M. de Lanessan en 1886, que notre protectorat provisoire sur les Iles-sous-le-Vent (reconnu par la convention franco-allemande du 17 décembre 1885) pourra être, à une date prochaine, transformé en un protectorat définitif (2). »

L'entente anglo-française de 1887 réalisa ces vœux en principe. Nous disons en principe, parce que l'annexion des Iles-sous-le-Vent à notre domaine colonial ne fut officiellement consacrée qu'au commencement de 1898, lorsque le gouvernement français, pour mettre fin aux dissensions des indigènes et aux rébellions fomentées principalement par le chef Taraupo, prit la résolution qui avait été conseillée et attendue depuis dix ans.

Quelles seront les conséquences de cette nouvelle organisation de la Polynésie occidentale, où la France occupait déjà le premier rang et où évidemment elle devra tendre à donner une orientation économique plus efficace qu'auparavant à ses possessions ? Le problème mérite toute l'attention des esprits sérieux. Il est complexe et implique des données et des facteurs qui ne sont généralement pas bien connus. D'un côté, en effet, les grandes nations européennes convoitent ou se disputent ces terres océaniques, appelées à devenir d'importantes escales et pouvant par conséquent avoir une influence décisive sur l'étendue et la délimitation de ces zones d'influence aujourd'hui si jalousement recherchées, gardées et défendues. D'autre part, ces mêmes terres se dépeuplent progressivement, leurs races indigènes meurent sans résistance à l'extinction, et la repopulation par des éléments non autochtones, capables de subir toutes les conditions de l'habitat, ne paraît guère facile, si elle n'est pas impossible. En sorte que l'on se trouve peut-être à la veille de n'avoir comme valeur réelle, dans cet archipel où flotte le pavillon français, que des habitants qui disparaîtront fatalement et ne pourraient être remplacés qu'avec désavantage, en même temps que les ressources d'exportation et d'importation seront stériles si on ne parvient pas à les exploiter comme il convient.

« On peut, dit M. Varigny, dont l'autorité est si grande en cette
« matière, ralentir par des mesures énergiques, arrêter pour un temps,
« la dépopulation de nos îles polynésiennes, mais il n'est au pouvoir de
« personne d'en arrêter la marche et d'en supprimer les causes. Cette
« loi fatale suit son cours. L'immigration seule comble les vides, su-
« perposant lentement uue race à l'autre, en attendant l'heure de la substi-
« tution. Mais on sait comment se recrute l'immigration vers ces
« terres lointaines. Les aventuriers de toutes races, les déclassés de
« toute origine, les impatients, ceux que la civilisation comprime, ceux à
« qui une organisation sociale savante et compliquée mesure l'air, la
« place et l'espace, ceux-là forment l'avant-garde. Derrière eux viennent
« les spéculateurs hardis, les négociants en quête de débouchés nouveaux,

(1) Paul Deschanel, *La politique française en Océanie*, 1ʳᵉ série, Archipel de la Société. (Paris, Berger Levrault 1884).
(2) J.-L. de Lanessan, *L'expansion coloniale en France*, (Paris, F. Alcan 1886).

« les colons possesseurs d'un petit capital, désireux de le convertir en
« grandes propriétés, les gens de métier alléchés par la perspective des
« gros salaires et des faibles dépenses. Tels sont les éléments dont se
« compose une colonie naissante, éléments hétérogènes et disparates
« dont il s'agit de tirer le meilleur parti possible, qu'il faut orienter
« dans leur voie et réunir dans un effort commun : le développement
« moral intellectuel et matériel du pays. Qu'on ne s'y trompe pas, il ne
« s'agit pas là de l'emporter de haute lutte, de lancer à l'assaut de la
« barbarie ces forces brutales et impatientes, d'abattre l'Indien à
« coups de fusil comme dans le *Far-West*, pour s'approprier son champ
« ou l'Inca pour le dépouiller de son or. L'œuvre est autre, bien autrement
« compliquée, mais aussi bien autrement humaine : protéger l'indigène
« contre la violence et là fourberie, tout en faisant place aux nouveaux
« venus ; diriger dans la lutte contre la nature ces forces violentes qui
« sont dans une civilisation comme la nôtre, parce qu'elles restent souvent
« sans emploi et que la discipline militaire leur répugne, mais qui sont
« souvent une bonne fortune pour une colonie.... Dans les mesures géné-
« rales à prendre et les aptitudes multiples à exiger de ceux appelés à les
« appliquer il n'y a rien qui ressemble au mécanisme savant d'un état
« social tout organisé dont les rouages fonctionnent sans choc et sans
« heurt, en vertu d'une impulsion partie de haut et par l'intermédiaire
« d'une hiérarchie où chacun à son rôle et sa place assignée. Il faut gou-
« verner, mais sans faire sentir trop lourdement la main ; il faut laisser
« une large part à l'initiative individuelle, accepter les ennuis qu'elle
« cause, en compensation des services qu'elle rend, éviter les conflits,
« détendre autant que possible les liens d'une discipline trop rigoureuse,
« tolérer beaucoup, s'effacer souvent, n'intervenir qu'en cas d'absolue
« nécessité et alors, avec une énergie proportionnée à l'importance du
« résultat à obtenir, et aux résistances que l'on rencontre (1). »
Est-ce ainsi que l'on a agi dans le passé, que l'on agit aujourd'hui (2) ?
Pas toujours, on doit l'avouer. « On a cru bien faire, ajoute M. de
« Varigny, en transportant au début dans nos possessions lointaines les
« traditions et les prescriptions administratives de la métropole. Elles
« ont, dans une certaine mesure, leur raison d'être en France, elles ne
« l'ont pas au dehors. Ces rouages sont trop compliqués, il y aurait avan-
« tage à les simplifier et à diminuer en même temps le nombre des
« fonctionnaires.... L'archipel de la Société est terre française. Il dépend
« de nous qu'il devienne riche et prospère. Abandonnons, parmi nos an-
« ciens errements, ceux que l'expérience a condamnés, empruntons aux
« pays voisins les mesures qui leur ont bien réussi. Un champ nouveau
« s'offre à notre activité, il est de nature à tenter de nobles ambi-
« tions. »
La France, dans son expansion coloniale, ne doit, en effet, jamais perdre de vue ce que font ses concurrents et dans toute son administration
africaine, asiatique, océanique, elle a pour devoir de s'inspirer de cette

(1) C. DE VARIGNY. *Nouvelle géographie moderne, Afrique, Océanie*, (Paris.
Librairie-Illustrée.)

(2) Il faut rendre cette justice à M. Jules Agostini, dont on lira plus loin les
pages si exactement documentées sur les Iles-sous-le-Vent, qu'il s'est ins-
piré constamment, dans ses fonctions administratives en Océanie française, de
ces sages principes et n'a cessé de les appliquer. (C. S.).

incontestable vérité que partout où elle prend pied, elle fait ombrage à l'Angleterre et à l'Allemagne. Les ententes cordiales, les traités, les conventions peuvent lier, mais ne sont que des instruments diplomatiques, et, en matière de puissance coloniale, ces instruments n'ont de force et de durée que selon la main qui les emploie et en assure le maintien. Aussi ne doit-on jamais se départir de cette prudence qui veille sur le lendemain. Trop de faits dans le passé démontrent combien le travail des rivaux est incessant et quelle promptitude ils mettraient à se saisir de toute occasion qui pourrait se présenter pour déchirer les actes signés et scellés.

II

Sans doute l'annexion des Iles-sous-le-Vent est l'heureux complément d'une politique coloniale qu'on ne peut qu'approuver en ce qui touche l'Océanie (1). Mais il ne suffit pas de posséder une colonie dans des condi-

(1) Résumons les faits historiques qui se rattachent à l'archipel de la Société. On en a souvent attribué la découverte aux Espagnols et à l'un de leurs navigateurs Fernandez de Quiros (1606). Il paraît aujourd'hui certain que cet honneur revient à l'Anglais Wallis, qui donna à l'île visitée par lui le nom d'Ile du roi Georges III (1767) et y signala son arrivée par un affreux carnage. L'année suivante Bougainville y aborda et s'y conduisit plus humainement.

Au vrai, c'est au capitaine Cook que l'on doit les premiers renseignements scientifiques et précis sur Taïti et les îles de la Société qu'il appela ainsi en l'honneur de la Société Royale de Londres. Nous ne ferons que citer pour mémoire le séjour à Taïti de l'Espagnol Domingo Bonechéa, du capitaine anglais Bligh, de Vancouver, des frères Moraves de Londres (1796) et de Turnbull (1803). En cette dernière année mourut le fondateur de la dynastie Taïtienne Pomaré 1er; il eut pour successeur son fils Variatoa (Pomaré II), qui, en lutte avec ses sujets, appela à son secours les Anglais et surtout leurs missionnaires qui le convertirent. Pomaré III et Pomaré IV subirent cette influence. (On remarquera que le nom de Pomaré s'applique également aux souverains et souveraines.) Cependant Pomaré IV tenta de secouer ce joug. Les conflits entre missionnaires anglais et missionnaires catholiques, — ceux-ci français — amenèrent l'intervention à Taïti du gouvernement français qui y envoya successivement les amiraux Dupetit-Thouars (1838), Dumont d'Urville (1839), Cécile (1840), Laplace (1841), Dubouzet (1842). En 1843, plusieurs grands chefs indigènes ayant réclamé la protection de la France, l'amiral Dupetit-Thouars passe avec eux un traité qui fut ratifié par le roi Louis-Philippe. Les missionnaires anglais ouvrirent alors une campagne acharnée contre la France. Les menées du consul Pritchard, conseiller de Pomaré IV, faillirent provoquer une guerre entre la France et l'Angleterre. L'énergie de Dupetit-Thouars et de Bruat sauvèrent la situation, et la reine se décida à exécuter les conventions stipulées avec nous. Il fallut expulser Pritchard *manu militari* et les hostilités anglo-françaises recommencèrent. Louis-Philippe eut la faiblesse de céder : la Chambre des députés, sur la pression du roi, vota une indemnité à Pritchard, et les Anglais reprirent leur influence. Bruat parvint néanmoins à avoir le dessus, arbora le pavillon du protectorat à Taïti et assiégea l'île Bora-Bora où Pomaré IV s'était réfugiée. La reine ne consentit à ratifier les clauses du protectorat qu'en 1847. Elle abdiqua en 1857 laissant les trois principales îles sous-le-Vent, dont elle s'était réservé la souveraineté, à son fils, à son frère et à sa sœur. Pomaré IV fut l'alliée sincère de la France. Son successeur, l'aîné de ses fils, Ariiaue prit comme sa mère le nom de Pomaré. Sous Pomaré V qui inaugura son gouvernement en 1877, les intrigues anglaises se renouvelèrent et elles se sont poursuivies ouvertement ou occultement sans interruption jusqu'à l'acte de cession de Taïti (20 juin 1880). Mais alors ont commencé les influences allemandes à Raiatéa, à Bora-Bora, etc., La convention de 1887 nous donna gain de cause en apparence. Notre droit n'a

tions qui en évincent tous les prétendants. Il est en outre nécessaire d'en faire une annexe utile du domaine français. Or, on ne saurait nier que les procédés suivis à Taïti ne peuvent être considérés que comme un exemple funeste. Il y a bientôt vingt ans que M. Chessé obtint, grâce à son habileté, la cession absolue de Taïti à la France (29 juin 1880), et, depuis cette date, on n'a pas beaucoup modifié les mauvais rendements que cette colonie donnait au budget sous tous les rapports, quand nous n'y exercions qu'un protectorat.

« Taïti est encore une colonie à créer » affirmait M. de Lanessan en 1886. Qui pourrait prouver par des chiffres et des faits que la situation y a été radicalement changée en ces deux dernières années (1)?

« Bien des terres, assurait le même écrivain, qui pourraient donner à

EMBARQUEMENT DE VIVRES SUR LE QUAI DE PAPEETE.
D'après une photographie de M. Jules Agostini.

Taïti des produits utiles, sont encore incultes, et le mouvement d'émigration de la France vers Taïti est tout à fait nul ». Qui pourrait prétendre que cet état de choses a cessé, et que non seulement au point de vue agricole, mais aussi au point de vue militaire, on a renoncé à l'inaction qui était jusqu'alors de règle absolue.

A l'époque où l'entreprise française du percement de l'isthme de Panama était encore entourée de toutes ses illusions, et secondée par les capitaux répondant à ses appels et à ses promesses, on faisait valoir avec

été définitivement affirmé que par l'annexion des Iles-sous-le-Vent en décembre 1897.

(1) Voir à cet égard le Rapport de la Commission du budget de 1898 par M. Riotteau, député, déposé le 20 juillet 1897 et inséré sous les n°s 2095 et suiv. aux Annexes des procès-verbaux de la Chambre des députés.

raison, comme on l'a vu plus haut dans la citation empruntée à M. Paul Deschanel, que Taïti ne pouvait manquer d'acquérir dans ces plans une importance de tout premier ordre « comme port de relâche et de ravitaillement des grands navires à vapeur qui devaient traverser le canal de Panama pour se rendre en Australie ou dans l'Asie orientale », mais, objectait M. de Lanessan (1), « il faut s'attendre à ce qu'une très vive opposition lui soit faite par les archipels voisins appartenant à d'autres nations. »

L'avortement de « l'affaire du Panama » fut une déception cruelle pour ceux qui visaient déjà l'exploitation de cette propriété maritime de Taïti, et le découragement a été tel qu'on semble avoir renoncé au rêve même. Non seulement on n'a pas donné suite au sage avis de faire à Papeete des travaux pour mettre le port, — qui est ici d'un abord facile, — à la disposition des grands navires, en l'outillant pour les réparations importantes dont les bâtiments pourraient avoir besoin, ainsi que pour la rapidité des chargements et déchargements du charbon, des marchandises et des vivres, mais on ne s'est pas attaché à améliorer ce port, de manière à le transformer en point d'appui réel de nos stations navales de l'Océanie orientale. Et cependant, « appuyée sur les ports de Papeete, de Mangareva et de Rapa, une flotte française serait maîtresse de la route de Panama en Australie, elle pourrait barrer le chemin à toute armée navale européenne se dirigeant vers l'Australie ou l'Asie, lorsque nous aurions dans l'Océanie occidentale une station navale appuyée sur la Nouvelle-Calédonie et permettant de faire pour cette dernière, en cas de conflit avec l'Angleterre, d'utiles et fructueuses diversions sur les colonies australiennes ou asiatiques de l'ennemi. »

III

Que fera-t-on des Iles sous-le-Vent ? Elles peuvent avoir admirablement leur rôle dans la combinaison que nous venons d'énoncer. Elles seraient de précieuses auxiliaires ces îles du Vent, et renforceraient l'importance de celles-ci. Ne disait-on pas couramment, avant l'annexion réalisée il y a quelques mois, que si la France amenait son pavillon dans ce groupe de l'archipel de la Société, l'Allemagne se hâterait d'y hisser le sien, et que dans ce cas, Raiatéa et Bora-Bora ne tarderaient pas à balancer et même à supplanter Papeete, commercialement et militairement. Or, les derniers événements de Samoa, qui ne datent que d'hier, ont fait voir clairement le jeu que veulent jouer les Allemands.

Quand Raïatéa n'était pas à nous, on la gardait avec raison comme une rivale redoutable pour Papeete, grâce à la beauté de son port et à son excellente situation, et l'on prévoyait le moment où ce port prendrait la place de Papeete. A cette époque le commerce de Raiatéa était entre les mains des Allemands? Ont-ils cessé d'y avoir ce monopole ou tout au moins la suprématie du négoce et des transactions depuis que nous sommes les maîtres politiques du sol? On peut en douter (2). Le gouverne-

(1) DE LANESSAN. Ouvrage cité plus haut.
(2) Si l'on veut bien se rendre compte de la vraie situation de nos possessions coloniales et spécialement de nos possessions en Océanie, c'est moins aux ouvrages et documents français, toujours enclins à l'optimisme, qu'il faut

ment de l'Allemagne s'est engagé, il est vrai, envers le gouvernement français « à ne rien entreprendre qui puisse entraver la prise de possession par la France des îles et des îlots formant le groupe dit des Iles-sous-le-Vent en Océanie se rattachant à l'archipel de Taïti ou de la Société. » Ce sont les termes mêmes de la convention de 1885, mais ils n'interdisent point aux Allemands de jeter leurs marchandises dans notre colonie, d'y établir leurs comptoirs, de nous y faire, suivant l'expression brutale, tirer les marrons du feu pour eux. Le péril allemand subsiste donc et n'a fait qu'accentuer une situation que notre incurie coloniale dans le passé a tolérée, quelques-uns disent même favorisée, et contre laquelle nous ne voyons point que l'on ait souci de réagir. Assurément les lenteurs bureaucratiques, qui ont quelquefois du bon, quoi qu'on en pense, ne se concilient pas avec une précipitation administrative là où nous n'exerçons que depuis un an et demi sans contestation le droit d'imposer la volonté de notre législation. Mais nous ne pouvons ignorer que l'œuvre allemande poursuit son cours pendant ce temps (1). « Les bras et

recourir qu'aux renseignements fournis par l'étranger. Aussi renvoyons-nous de préférence au volume allemand du contre-amiral von Werner : *Ein deutsche Kriegsschiff in der Sudsee* (Un vaisseau de guerre allemand dans la mer du Sud), édité par Brockhaus en 1890.

(1) « C'est à Papeete, écrivait M. Chartier en 1887, que presque toutes les affaires commerciales se traitent, c'est là que les négociants ont établi leurs magasins et réuni les ressources de toute nature nécessaires au ravitaillement des navires.

« Mais, hélas ! quelle tristesse de voir la France se désintéresser ainsi dans l'exportation des produits de sa colonie qui, presque tous, vont à San-Francisco ou sont embarqués sur des bâtiments étrangers, et ne nous parviennent de la sorte que de seconde et de troisième main, après avoir enrichi deux intermédiaires anglais ou allemands! Les produits expédiés pour la France en 1884 ne sont en effet que de 200,459 fr.,02, tandis que ceux à destination de l'étranger sont de 1,222,084 fr.,72.

« Les principaux articles d'exportation sont le coton (*sea-jalaud*), qualité supérieure et dont on peut évaluer l'exportation actuelle à 600,000 kilos ; bien cultivé, il donne 1800 kilogrammes par hectare, produit une récolte moyenne en sept mois et demi, et une grande récolte en onze mois ; la graine de coton, le coprah (amande sèche de cocotier); le sucre de canne dont la plante n'a point à craindre, comme en Nouvelle-Calédonie, les sauterelles, assure à deux sucreries un revenu rémunérateur et procure aux habitants un rafraîchissement peu coûteux et très savoureux ; le rhum, le café, produisant au bout de cinq ans ; la vanille au bout de dix-huit mois, le maïs au bout de seize semaines, le tabac, qui devient superbe et ne demande que seize à dix-neuf semaines pour venir à maturité ; les oranges, dont la production annuelle est de 15,000,000, mais dont 5,000,000 seulement trouvent débouché en Californie. Combien de tonnes de curaçao et de vin d'orange ne pourrait-on livrer à la consommation si quelque distillerie enlevait aux porcs et aux autres animaux domestiques des trésors si précieux ! les citrons, l'arrow-root, l'igname, le taro, le fungus, le tabac, la cire jaune, le miel, la noix de bancoulier (*aleurisies tribola*), la nacre perlière provenant des îles Tuamotu (450,000 à 500,000 kil. par an), les perles fines dont on estime le produit à 200,000 francs par an, estimation selon nous inférieure au revenu réel, car, aussi peu volumineux que précieux, cet article n'est pas souvent déclaré.

« On pourrait encore utiliser pour la confection de ces excellentes gelées de goyaves, ces immenses buissons de goyaviers dont le défrichement coûte tant de peine au cultivateur.

« Nous ajouterons, pour terminer cette liste qui, par l'initiative des colons européens, pourrait être augmentée, que quelques colons ayant essayé la culture de la vigne, ont été surpris d'un résultat qui leur assurait deux récoltes par an.

« A ces différents produits il est bon d'ajouter le commerce de l'opium, affermé 60,000 francs à un commerçant français qui se charge de la surveilles capitaux font défaut à l'agriculture dans l'archipel de la Société, déclarait M. de Vaigny, il y a six ou sept ans ; l'immigration seule peut amener les uns et les autres ». Or, cette immigration, protégée par notre drapeau, est-elle française ou étrangère ? Tout est là. Encourageons-nous les desseins de nos nationaux qui voudraient s'employer à donner de l'essor à l'industrie sucrière, par exemple, florissante aux îles Hawaï, voisines de notre colonie, et pouvant l'être tout autant sinon davantage dans nos possessions, puisque les conditions sont égales : race, sol, climat et fertilité ? Ou bien tenons-nous cette initiative française à distance en lui opposant, là comme ailleurs, les carrières de nos formalités ?

« Ce qui rend aux îles de la Société la culture peu rémunératrice et l'industrie peu active, c'est, dit Vivien de Saint-Martin, la difficulté d'obtenir la main-d'œuvre des indigènes, paresseux et sans grands besoins matériels, se bornant, en général, à acquitter les prix de quelques objets de toilette dont-ils peuvent se passer, et le paiement de l'impôt en apportant au marché des fruits, des cocos, du poisson, des crustacés ; ce n'est que dans certains districts pauvres que l'on peut obtenir, moyennant un salaire élevé, un peu de travail des indigènes ; encore ce travail n'est-il jamais fourni que pour quelques jours consécutifs. »

Rien n'est plus vrai ; mais nous ne saurions assez y insister, l'empêchement est le même pour les Allemands que pour nous, et les Allemands le surmontent. D'où vient que nous ne puissions faire comme eux ?

Charles Simond.

lance douanière, non seulement pour Tahïti, mais encore pour ses dépendances.

« L'importation, en 1885, se chiffre par la somme de 5,025,797 fr., 94, tandis que la part prise par la Société commerciale de l'Océanie, de Hambourg, au mouvement commercial étranger de Tahïti, a été à elle seule de 2,232,538 fr. ; elle a contribué pour un tiers au moins dans le chiffre des recettes produites par l'octroi de mer ; de plus elle possède une usine d'égrainage de coton et de vastes propriétés aux îles Marquises, une usine à Papeuriri et de grands terrains, soit en son nom, soit sous des raisons sociales diverses, sans parler d'autres propriétés foncières très importantes, tant à Tahïti que dans les autres îles. Aux Iles-sous-le-Vent, elle occupe une place très considérable et n''a guère d'autre concurrent sérieux que le capitaine Higgins, de nationatité anglaise ou américaine.

« Une semblable disproportion sur des articles également fabriqués en France, n'appelle-t-elle pas toute l'attention de nos gouvernants sur l'état précaire où végète notre marine marchande ? A quoi bon coloniser et semer aux quatre coins du monde les os de nos soldats, si la patrie ne doit point en profiter, par une importation écoulant son trop-plein ? » *Taïti*, Le Chartier. ancienne maison Furne.

Comprendra-t-on ces avis, maintenant que tout l'archipel de la Société est français ? Et l'espoir que l'on a de voir mettre un terme à cette inaction sera-t-il mieux réalisé ou restera-t-il purement platonique ?

ILE MOORÉA. — LE PIC DE LA BAIE D'OOPOUNOU A PAPETOÏA
D'après une photographie de M. Agostini.

LES ILES SOUS LE VENT

I

Je n'aurais point parlé ici de l'île Mooréa, avant de m'ocuper des Iles-sous-le-Vent, si, pendant trois années, sa silhouette déchiquetée ne m'était apparue dans son étrange maigreur quotidiennement en face de Papeete ; si je n'avais eu l'occasion de la voir de plus près en septembre 1896, alors que longeant ses côtes, l'*Aube* allait aux Iles-sous-le-Vent en vue de leur annexion ; si, enfin, aux mois d'avril et d'août 1896 je n'avais foulé son sol et gravé dans mon esprit, fixé par la photographie en souvenirs inoubliables, les multiples beautés de ses bizarres paysages.

Mooréa, située à 20 kilomètres environ du rivage ouest de Tahiti, en est la sœur cadette et constitue, avec les îlots Tetiaroa et Méhétia, les Iles-du-Vent, de l'Archipel de la Société.

Elle mesure un périmètre de 60 kilomètres environ ; on en fait aisément le tour par un sentier muletier établi sur l'étroite zone plane qui, le long du rivage, entoure, comme une ceinture, la base des montagnes.

La population de Mooréa s'élève à près de 1.500 âmes et n'a rien qui la distingue de celle de Tahiti. Les diverses productions de cette île sont analogues à celles de la grande terre, sur le marché de laquelle un écoulement facile leur est assuré.

Ce qui distingue Mooréa de Tahiti, c'est surtout son système orographique qui, plus mouvementé, plus bouleversé, n'offre au regard qu'une succession infinie de vallons, de ravins, de chutes, de précipices d'un pittoresque achevé.

Les districts de Papetoaï, Haapiti, Afaréitu, Teavaro, sont les divisions territoriales de l'île; une école congréganiste à Varari, entre Papetoaï et Haapiti, et des écoles publiques dans chacune des autres localités, assurent le service de l'enseignement primaire.

Un gendarme en résidence à Papetoaï, veille, à défaut de représentants d'un grade plus élevé, au maintien de l'ordre qui n'est jamais sérieusement troublé, même à l'occasion des fêtes et plaisirs. Le gendarme remplit d'ailleurs nombre de fonctions; il est agent spécial ou caissier, percepteur, ministère public au moment de la tenue des audiences de paix, etc..... Les gens de Mooréa savent par expérience combien il est utile de ne pas s'aliéner les sympathies du mandarin à bouton blanc, de l'homme investi de tant d'attributions.

Les relations entre Mooréa et Tahiti sont très fréquentes; plusieurs embarcations déposent journellement sur les quais de Papeete, les produits du sol et de la terre provenant de Mooréa.

Pour éviter les vents régnants, généralement contrariés à l'atterrissage à Papeete, on profite du calme de la nuit et l'on navigue à l'aviron; on utilise, au contraire, la brise du jour, pour effectuer à la voile la traversée de retour.

Désigné, en ma qualité de substitut intérimaire, pour tenir l'audience trimestrielle de paix à Papetoaï, et ne pouvant faire coïncider mon départ avec celui du petit vapeur *Eva*, qui se rend chaque semaine dans cette localité, je pris, le 24 avril 1896, en compagnie de M. Marcel Graffe, interprète, greffier et tout à la fois notaire, passage sur une baleinière montée par 4 indigènes.

A neuf heures du matin on hissa la voile, et tout doucement poussée par un caressant zéphyr, l'embarcation fendit, dans l'ombre d'un sillage, l'onde calme de la rade.

Toutefois, dès qu'on eût franchi la grande passe, le vent ayant trop de prise, on dut rentrer un peu de toile, et bientôt le bruit monotone du flot soulevé en nappes argentées et miroitantes sous les feux du soleil, nous apprit qu'on marchait à l'allure désirée. Le déjeuner se fit à l'ombre d'un parapluie et à celle moins stable de la voile dont les clapotements rendaient chancelante l'assiette du couvert installé au fond du canot et sur les bancs des rameurs.

A mesure qu'on avançait, les récifs blancs d'écume, le ruban de sable du rivage prenaient des formes plus précises, les cocotiers dessinaient mieux leur panache, et, sous l'éblouissante lumière du grand jour, les montagnes et les vallées, comme avides de chaudes caresses, étalaient dans leur complet épanouissement leurs plus secrets trésors.

Les canotiers eux-mêmes, habitués pourtant à de pareils spectacles, n'avaient point assez d'admiration pour le tableau qui s'offrait à nos regards. Ils causaient avec animation et se montraient du doigt, dans le lointain, le pic d'Afareïtu percé d'une ouverture à jour qui mettait une tache bleue dans ce fond grandiose.

Cette espèce de lucarne et bien d'autres ouvertes aux flancs des monts escarpés, ont leur légende : les gens de Tahiti et de Raïatia étant jadis en guerre, le géant Païa, de Tautira, lançait de cette localité des sagaies sur ses ennemis.

Ces armes, déviant parfois de la direction que leur avait imprimée le guerrier, traversaient, avant d'atteindre leur but, les obstacles qu'elles rencontraient ; c'est donc aux irrésistibles sagaies du géant de Tautira que l'on doit de regarder le ciel à travers des montagnes percées à jour.

Trois heures après le départ de Papeete, la baleinière s'engageant dans l'étroite passe de Teavaro, et, jusqu'à Papetoaï, glissait comme sur un lac, toujours plus lentement afin de nous permettre de mieux contempler un paysage toujours changeant, sans rien perdre de sa grandeur. Sous nos pieds les coraux, tantôt unis, tantôt désagrégés en une infinité de blocs ou de rameaux, donnaient à l'eau de mer mille aspects variés, et comme dans un bassin immense, des poissons aux nuances les plus vives comme les plus rares, s'y croisaient en tous sens.

A 4 heures du soir, nous mettions pied à terre au débarcadère de Papetoaï, et, après avoir, en passant, visité le temple du district, nous trouvâmes chez le chef Païa — un homonyme et peut-être un descendant du fameux géant — qui a servi sur nos bateaux de guerre, un accueil plein de cette déférence que donne l'habitude de la discipline et de la hiérarchie.

La matinée du lendemain fut consacrée à l'audience de paix ; je pus constater que les bonnes paroles, les sages conseils ont plus d'effet sur l'esprit des indigènes que l'appareil sévère de la justice.

J'eus la satisfaction de concilier, par ce moyen, de nombreuses affaires.

A l'occasion de certains différends, comme je démontrais aux parties que l'enjeu ne valait pas les frais de procédure et le mal qui en résulterait si l'affaire se prolongeait, demandeurs et défendeurs renoncèrent à leurs instances, abandonnant leurs prétentions respectives pour s'en rapporter à ma décision amiable, qui ne pouvait, après tout, qu'être impartiale, dirent-ils, puisque je ne connaissais aucune des personnes en cause.

L'après-midi fut employé à prendre diverses indications ou renseignements sur l'île dont je me proposais de faire le tour ; puis, escorté par les enfants du village, qui se disputaient la faveur de porter mon appareil photographique et ses accessoires, j'allais, jusqu'à la pointe Est de la baie d'Opuhonu prendre des vues d'ensemble du fond de la vallée, sans oublier l'aiguille inaccessible qui domine l'île entière, et, comme un phare au sein des mers, guide le navigateur, de quelque côté qu'il aborde Moorea.

Le soir j'avais la joyeuse satisfaction de voir se dérouler à la lueur de la lanterne au verre rubis, sur les plaques, à mesure que je les développais, les paysages admirés dans la journée : les mornes désolés ou chevelus, les montagnes couvertes de bancouliers, les constructions de la ferme, les bouquets de cocotiers se mirant dans l'eau, et le pic inoubliable qui, peu d'heures avant, se reflétait majestueusement dans la spacieuse baie d'Opuhonu.

Au petit jour je me mis en route pour gagner le canton de Téavaro, dont le chef, Teriraa Tanhiro, venu à ma rencontre avec quelques cavaliers, m'escorta jusqu'à sa demeure. Je trouvai là les provisions envoyées de Papetoaï ainsi qu'un déjeuner sommaire rapidement expédié sur le gazon, à l'ombre d'un massif de flamboyants que le soleil d'avril avait couronnés de fleurs écarlates.

Certaines images se fixent dans l'esprit en traits ineffaçables, et le site de Teavaro, où j'ai passé deux heures à peine, au milieu des naturels, hante encore ma mémoire. Je vois les monts couverts d'une luxuriante végétation, jetant leurs cimes dans l'azur, baignant leurs pieds dans des flots de saphir ; je comprends la vie insoucieuse des indigènes pour qui la nature, prodigue de ses biens, suspend la nourriture aux branches des grands arbres ou la met au pied des rochers qui bordent le rivage.

Après avoir quitté la chefferie, en suivant le chemin qui longe le bord de la mer, je rencontrai à la limite des territoires Teavaro-Afareïtu, le chef de ce dernier district Paï, qui me souhaita la bienvenue en bon français.

Ayant mis pied à terre, je fixai l'indescriptible sous bois de ce coin de Mooréa, à la grande satisfaction de l'escorte et principalement des deux chefs appuyés au poteau indicateur qui marque le partage des cantons.

Un temps de galop nous mena à la chefferie d'Afareïtu, reconnaissable aux trois couleurs que Paï avait eu l'attention d'y faire hisser.

Loti, dans son *Mariage*, pousse un long cri d'admiration en détaillant toutes les beautés de « ce site enchanteur » qu'est la baie d'Afareïtu.

Après le poète, je ne puis présenter au lecteur qu'une vue de l'incomparable panorama de cette baie dont le cercle immense est bordé de cocotiers et de cases qui se mirent dans le bleu de ses eaux endormies.

A deux pas de la chefferie se trouvent les ruines de l'ancien maraï.

Au bord de la mer Païme fait voir un effrayant amas de pierres dont la hauteur est encore de plusieurs mètres ; une petite construction en maçonnerie dépourvue de toiture, entre les quatre murs de laquelle s'est élevé un bel arbre, indique le lieu où s'accomplissaient les anciens sacrifices. Paï ajoute que les restes des Pomaré, ses parents, après avoir été déposés dans cet antique sanctuaire, ont été transférés à Raïatéa, l'île qui fut le berceau des croyances polynésiennes.

Je passai la nuit à Afaréïtu et visitai le lendemain le district

LE CHEF TERAUPO, SA FEMME A SA DROITE
ET UNE VIEILLE CHEFFESSE.
D'après une photographie de M. Agostini

d'Haapiti, puis ayant regagné l'apetoaï, le soir à 8 heures, je pris passage sur une embarcation, à destination de Papeete où j'arrivai après une délicieuse traversée de sept heures à l'aviron.

II

Toubouai-Manou, Huahiné, Raïatea, Tahaa, Bora-Bora, Maupiti et quelques autres îlots d'une importance tout à fait secondaire, constituent le groupe des Iles-sous-le-Vent de Tahiti, dans l'archipel de la Société.

Je ne m'occuperai ici que des îles Huahiné et Bora-Bora que j'ai visitées en 1895, puis de Raïatea et Tahaa dont l'annexion a nécessité une petite expédition en 1896-1897.

La configuration de ces terres, leurs productions sont presque identiques à celles du groupe du Vent. Ce sont partout les mêmes montagnes couvertes d'une luxuriante végétation ; des cours d'eau roulant des hauts sommets pour arroser, près de la mer, une zone d'alluvions d'une prodigieuse limpidité.

Dans cette bande de terrain, des taros, des vanillières, des forêts d'orangers, de cocotiers, d'arbres à pain, de manguiers, de tamariniers, abritent dans des cases éparses le long de la grève, près de 5,000 maoris dont les mœurs, les coutumes et les croyances sont pareilles à celles des Tahitiens.

Découvertes par Cook en 1769, ces îles furent en 1842 comprises dans le champ de notre protectorat polynésien, mais le retour en Océanie, vers le mois de février 1843, du trop célèbre missionnaire Pritchard ayant occasionné des hostilités, notre tutelle ne s'exerça de nouveau, d'une manière pacifique et effective, qu'en octobre 1845. Obéissant alors aux perfides insinuations de l'agent anglais, la reine Pomaré-Vahiné, ayant déclaré — par contrainte, assure-t-on — que sa souveraineté ne s'étendait pas aux Iles-sous-le-Vent, notre gouvernement eut la faiblesse de céder eux menaces de l'Angleterre et de signer la convention du 19 juin 1847 reconnaissant l'indépendance des îles énumérées plus haut.

Cet acte diplomatique connu sous le nom de « Convention de Jarnac » du nom de son signataire, notre ambassadeur à Londres, fut désastreux pour notre influence dans les mers du Pacifique.

Pendant que l'Angleterre et la France, liées par le traité précité, paraissaient avoir oublié ces îles lointaines, les Allemands qui, depuis 1872, travaillaient par l'intermédiaire de leurs consuls et agents commerciaux en Océanie, à s'y créer des débouchés, intervenaient en 1878 pour établir leur protectorat aux Iles-sous-le-Vent, où ils expédièrent deux bateaux de guerre, l'*Ariane* puis le *Bismarck*.

Ces tentatives devinrent si sérieuses qu'en 1879 un Allemand alla jusqu'à dresser, à Bora-Bora, un mât de pavillon que les insulaires eurent l'heureuse inspiration d'abattre, pendant que la reine de l'île et le roi de Raïatéa, — se disant nos protégés — expédiaient respectivement, au commandant de nos établissements à Papeete, des veas (courriers) l'avisant de la gravité des événements.

A cette nouvelle, le commandant de Tahiti, commissaire de la République aux îles de la Société, M. Chessé, qui devait, peu de temps après, déjouer les calculs de nos adversaires en annexant Tahiti, n'hésita pas à intervenir en envoyant aux Iles-sous-le-Vent

un homme pour lequel les indigènes professent un véritable culte,
M. le lieutenant de vaisseau Caillet, vivant depuis sa retraite à
Papeete.

À l'arrivée de l'officier français, en avril 1880, les chefs de Raïatea et de Tahaa, s'empressèrent de solliciter notre protection, qui
leur fut accordéé, sous réserve de l'approbation du gouvernement
métropolitain ; le pavillon du protectorat français fut, en attendant, arboré aux applaudissements des chefs et du peuple présents
à la cérémonie.

Dès que ce fait fut connu à Papeete, le consul anglais dans cette
ville, M. Miller, père du chef actuel du service des contributions,
s'éleva contre cette infraction à la convention de 1847, et le bâti-
ment anglais *Osprey* partit en hâte pour les îles, afin d'empêcher
— par sa présence — les naturels de Huhainé, Bora-Bora et autres localités, de suivre l'exemple de Raïatéa-Tahaa.

L'intelligente initiative de M. Chéssé, si elle nous brouillait avec
les Anglais, avait, par contre, l'avantage d'éliminer définitivement
l'intervention allemande que rien n'aurait pu justifier, maintenant
que le protectorat — même provisoire — était proclamé.

Ces événements excitèrent en Europe — dès qu'ils y furent
connus — les colères de la presse germanique qui, dans l'amer-
tume d'un profond dépit, d'une cruelle déception, nous reprochait
la violation de la convention de 1847, comme si cette violation eut
atteint les intérêts directs de l'Allemagne.

De son côté, l'Angleterre fit tant et si bien, qu'elle obtint le
désaveu de la « conduite tenue par le commandant des établissements français en Océanie. »

Pendant ce temps, le croiseur anglais *Turquoise* arrivait à Raïatéa ; son commandant demanda péremptoirement à notre lieutenant de vaisseau Kertanguy, commandant de la goélette l'*Orohéna*,
qui se trouvait sur les lieux, qu'à la suite de l'entente survenue
entre les gouvernements français et britannique, il eût à amener,
au coucher du soleil, les couleurs de notre protectorat et à ne plus
les hisser jusqu'à nouvel ordre.

L'officier français, ne pouvant lutter contre la *Turquoise*, se rendit
à cette injonction, et après la triste cérémonie, les chefs de Raïatea, sur les conseils du commandant anglais, arborèrent leur ancien
pavillon.

M. Barthélemy-St-Hilaire qui, sur ces entrefaites, était devenu
ministre des Affaires étrangères, s'éleva en termes énergiques
contre la conduite du commandant de la *Turquoise* et le cabinet de
Londres qui, du temps même de M. de Freycinet, avait accepté,
jusqu'à complet règlement, l'état de choses établi en avril 1880,
blâma à son tour l'attitude de son officier de marine et notre protectorat fut confirmé pour une nouvelle période de six mois.

A la suite de cet accord entre les gouvernements de la République française et de S. M. Britannique, M. le commandant Chessé reçut l'ordre d'arborer de nouveau à Raïatéa notre pavillon de protectorat; mais les regrettables incidents que l'on connaît, en même temps qu'ils alarmaient le patriotisme de nos nationaux, rendaient plus insupportable l'arrogance de nos ennemis et n'étaient point de nature à relever ou maintenir notre prestige dans l'esprit des indigènes.

Aussi, n'est-ce qu'après 15 jours de longs pourparlers, appuyés par la présence des avisos *Guichen* et *Vire* et de la goélette l'*Orohéna* que l'on réussit à triompher de la résistance des indigènes qu'avait

UN CAMPEMENT.

alarmés, indisposés, le spectacle de notre faiblesse.

Le 25 mai 1881, MM. les lieutenants de vaisseau de Gironde et de Kertanguy, hissaient de nouveau sur Raïatéa et Tahaa le pavillon de notre protectorat, qui fut, à la demande des chefs, salué de 21 coups de canon.

Malgré les avantages acquis à la suite de toutes ces démonstrations, l'annulation de la convention de 1847 pouvait seule établir définitivement notre puissance en Océanie. Les efforts de nos diplomates, dirigés dans ce sens, aboutirent le 26 octobre 1887, à la reconnaissance de notre entière souveraineté sur les Iles-sous-le-Vent de Tahiti ; mais de nouvelles difficultés nous y attendaient.

L'annexion des îles Hivahiné, Bora-Bora, Raïatéa et leurs dépendances, en mars 1888, par notre gouverneur, M. Lacascade, qui les organisa en établissement secondaire, distinct de ceux de Tahiti et autres archipels, fut la consécration de l'entente des deux puissances britannique et française.

ILE MOORÉA. — PAYSAGE DANS LA BAIE D'OOPOUNOU
D'après une photographie de M. Agostini.

Malheureusement cette annexion ne s'accomplit point sans effusion de sang. Au cours de l'accomplissement de la mission toute pacifique du gouverneur Lacascade, les naturels de Huahiné tuèrent dans une embuscade l'enseigne de vaisseau Denot et deux marins du *Decrès*, le 21 mars 1888.

L'anarchie qui régnait depuis longtemps déjà aux Iles-sous-le-Vent, ne fit, à la suite de l'assassinat de nos marins, que prendre plus d'intensité.

L'autorité des chefs fut mise en échec par leurs administrés partagés en deux camps absolument hostiles l'un à l'autre.

Nos représentants, impuissants à réprimer le désordre, restaient cantonnés daus une espèce de concession d'où ils ne pouvaient sortir — comme à Raïatéa, par exemple — sans s'exposer à payer une amende en numéraire au chef rebelle Teranpo.

Cette lamentable situation, si intolérable qu'elle fût, subsistait encore en 1894 et les naturels de Huahiné, enhardis par notre inaction, se refusèrent à tout accommodement, quand notre gouverneur, M. Papinaud, crut devoir se rendre de sa personne aux Iles-sous-le-Vent.

Notre expectative, traitée de faiblesse, fut exploitée par Teranpo et ses partisans. qui allaient jusqu'à piller les magasins d'Utrowa, situés à proximité de notre résidence.

De tels faits signalés au Département aboutirent, en 1895, à l'envoi sur les lieux de M. Chessé, ancien gouverneur, et délégué de Tahiti au Conseil supérieur des Colonies.

On comptait, avec raison, sur l'ascendant dont il jouissait sur les indigènes, pour aplanir toutes les difficultés et arriver à une solution pratique.

Ces espérances ne purent se réaliser qu'en partie.

En consommant l'annexion de Tahiti, d'accord avec le roi Pomaré V, M. Chessé s'était fait — on le croira aisément — de la plupart des membres de la famille royale et de leurs parents, d'irréconciliables ennemis. Les larges dotations stipulées et maintenues en faveur de la reine Maran, de ses proches, n'avaient point désarmé les ressentiments de la reine et de tous ceux qui aspiraient de près ou de loin à la succession de Pomaré V ; dans ce cas étaient tous les Salmon, les Brandem et d'autres qui désiraient le maintien de la monarchie.

Le chef de Papara, M. Tati-Salmon, frère de Maran, resté Tahitien, c'est-à-dire très superstitieux, malgré des dehors qui ne semblent pas justifier cette tare atavique, M. Tati-Salmon, dis-je, à l'occasion de l'annexion de Tahiti, rappela à M. Chessé, dont je tiens le détail, que l'orage qui avait éclaté sur Papeete, que les albatros et autres oiseaux de mer qui avaient plané sur l'hôtel du gouvernement, le jour de son arrivée, avaient donné lieu à de fâcheux pronostics pour les familles Pomaré et Salmon, qui perdaient la couronne, sur les conseils donnés au roi par le représentant de la France.

Le divorce de Pomaré, qui n'avait jamais vécu avec sa femme, sa mort survenue peu de temps après, en dépouillant Maran du prestige de la majesté royale, réveillèrent la vieille animosité de la reine et de sa famille contre l'auteur de l'annexion de Tahiti. Leurs sentiments se manifestèrent à l'occasion de l'élection de ce dernier à la délégation.

Le retour inattendu du commandant-commissaire Chessé ne pouvait que réveiller de nouveau la haine invétérée de ceux que la loi de 1880 a faits citoyens français, mais dont le cœur ne sait et ne peut écouter que la voix du sang étranger qui coule dans leurs veines semi-polynésiennes.

III

C'est en qualité de commissaire général de la République française en Océanie, que M. Chessé, envoyé en mission extraordinaire, arriva à Papeete le 5 août 1895, à bord du paquebot *Richmond*, venant d'Auckland.

C'est au bruit du canon, escorté par les troupes d'infanterie de marine chargées de rendre les honneurs et par la population du chef-lieu, que M. Chessé se rendit à l'hôtel du Gouvernement, où M. Papinaud, entouré de tout le personnel administratif, des corps élus, lui souhaita la bienvenue. Après les compliments d'usage et les présentations individuelles, le premier soin du commissaire général fut d'aller à Arné, sur la tombe du roi Pomaré V, rendre hommage à celui qui avait, sur ses conseils, donné son pays à la France.

Au retour de ce pèlerinage dont les Tahitiens lui surent gré, M. Chessé s'installa dans la maison gracieusement mise à sa dispocition par le prince Hinoï, neveu de Pomaré, et par sa mère, la princesse Joinville. Une circulaire du chef de la colonie, en date du 8 août, invitait les fonctionnaires de tout ordre à se mettre entièrement à la disposition du commissaire général, pour tout ce qu'il pourrait demander, dans l'intérêt du service et pour le bien du pays.

Dans le jardin de la princesse Joinville, à côté de sa résidence, le commissaire général fit édifier une grande salle, où chaque jeudi se réunissait la société de Papeete pour ses soirées dansantes.

Tandis que la population du chef-lieu dansait avec un entrain d'autant plus grand que les divertissements de cette nature sont plus rares dans le pays, des émissaires expédiés aux Iles-sous-le-Vent en revenaient avec des nouvelles favorables au projet d'annexion.

L'*Officiel* du 26 septembre annonça en conséquence qu'aux dates des 17 et 21 septembre les îles Huahiné et Bora-Bora étaient défi-nitivement réunies à la France, que les royautés de ces îles avaient remis leurs pouvoirs en nos mains, et leurs populations acclamé le pavillon francais.

La présence à Tahiti de son ancien gouverneur avait été, il n'y a pas à en douter, la cause déterminante de la soumission définitive et pacifique de Huhaïné et Bora-Bora.

Restaient Raïatéa et Tahaa ; de ce côté, les nouvelles étaient moins rassurantes ; excités par d'occultes manœuvres, encouragés par des agents de l'étranger, les partis hostiles demeuraient réfractaires à toute idée de soumission.

Le désir de déjouer sans retard de perfides calculs, la crainte de voir les difficultés grandir avec les atermoiements, firent croire à M. Chessé que le moment était opportun pour une intervention personnelle, énergique, si l'on voulait obtenir une solution pacifique.

Le 26 septembre, à 4 heures du soir, l'aviso *Aube*, commandé par le capitaine de frégate Chocheprat, appareillait pour les Iles-sous-le-Vent. A son bord avaient pris passage, le commissaire général, le gouverneur, le président du Conseil colonial, maire de Papeete, M. Cardella, ainsi que plusieurs notabilités administratines, civiles et militaires, puis mesdames Papinaud, Cardella et mademoiselle Lagarde.

Ayant eu l'honneur de faire partie de l'escorte officielle, j'avais eu soin d'emporter mon appareil photographique, ce qui me permit de fixer des scènes de la vie maorie et de superbes vues de la région.

Le lendemain, 3 heures, au coup de canon des batteries de l'*Aube*, les autorités françaises débarquèrent, en grande tenue, et furent reçues avec le cérémonial local à l'appontement de Faré (1), par la petite reine Taahapape II, le vice-résident, M. Dauphin, les ministres et tous les habitants de l'île Huahiné. Après les souhaits de bienvenue, on se rendit au palais de la reine où s'accomplit la cérémonie de prise de possession en substituant, au mât de pavillon royal, les couleurs de la France à celles de la reine de Huahiné. Les orateurs indigènes qui avaient déjà recommencé d'interminables allocutions, recommencèrent de plus belle, pendant que dans la grande salle du régent Marama, père de la reine, nous sablions le champagne de l'abdication.

Si la journée du 27 septembre fut consacrée au travail par le commissaire général qui eut à rédiger nombre de documents relatifs à l'acte accompli, elle se passa de façon moins grave pour la plupart de ses invités, libres de parcourir les environs du pitto-

---

(1) Huaïné possède deux bons ports dont le principal est celui de Faré. L'île a une route circulaire, qui rayonne vers ses différents villages.

resque village de Faré où des « himené » et des Upa-Upa s'étaient
organisés sur plusieurs points.

Le 28 septembre, un amuramaa ou déjeuner officiel eut lieu
chez la reine.

Les convives furent, dès leur arrivée à table, suivant la coutume maorie, couronnés de guirlandes de fleurs, ce qui provoquait

LE DRAPEAU OFFERT PAR LES DAMES FRANÇAISES DE PAPEETE
AUX VOLONTAIRES TAHITIENS.
D'après une photographie de M. Agostini

et excitait l'hilarité générale, car nous étions peu habitués à voir
nos fronts si richement et si étrangement parés.

Ce déjeuner, où l'élément féminin apportait la note de son inta-
rissable gaîté, fut suivi de réjouissances diverses, terminées le soir
par un feu d'artifice qui plongea dans le ravissement les naturels,
qui ne vivent que pour le plaisir.

Peu d'heures après la fête, l'*Aube* appareilla pour arriver le 30,
au petit jour, en rade de Bora-Bora (1).

(1) Bora-bora, que Cook appelle Bolabola, sans doute parce que dans la lan-
gue polynésienne, la consonne r a une prononciation voisine de l, est la plus
petite des Iles-sous-le-Vent. Son port, Vaitapé, se trouve dans une situation
ravissante. Il est dominé par un pic de 300 mètres.

Si, malgré l'incontestable beauté de ses sites, l'île de Huahiné n'a rien qui, de prime abord, parle à l'imagination, il n'en est pas de même de sa sœur Bora-Bora.

Protégée par les récifs, elle est entourée d'un bassin aux eaux toujours tranquilles, où vient se refléter le sommet du mystérieux « Païa qui, pareil à une borne géante, dresse sa silhouette effrayante » au milieu du Pacifique. »

Ce morne de Bora-Bora, tantôt dénudé, tantôt tapissé de verdure, se dresse au centre d'un épais massif de cocotiers, de maïorés, de pandanus aux branches osseuses, décharnées comme les membres d'un squelette et domine un vaste horizon. Un érudit du pays nous raconte les légendes qu'il connaît sur l'île et le mont Païa, jadis séjours des divinités.

Le récit du mariage d'Oro ne manque pas d'originalité ni de poésie. Oro, dieu de la guerre, fatigué du célibat, résolut un jour de descendre sur la terre à la recherche d'une compagne digne de sa grandeur.

Il descendit donc de son haut piédestal, au moyen d'un anoua-noua (arc en ciel) et parcourut les districts avec une célérité que justifiait la cause de son déplacement. La belle Vaïraimati, du village de Vaïtupé, dont les traits symbolisés ont été fixés sur la toile par un peintre d'un incontestable talent, M. Gaugoin, eut le don de plaire au Mars polynésien qui en oublia sa première et céleste demeure ; hélas ! tout a un terme sur la terre et les amours des dieux ne passent point pour être éternelles.

Un jour Vaïraïmati annonça à Oro qu'elle allait être mère, et ce dernier déclara alors à sa compagne que l'enfant qui viendrait au monde serait chéri des dieux, mais que pour lui sa mission sur la terre se trouvant accomplie, il devait désormais s'en retourner au ciel. Et, laissant la belle Vaïraïmati dans la désolation, aux yeux du peuple saisi d'une stupéfiante surprise, Oro, dans une colonne de feu, disparut à jamais dans les nues.

C'est de cette époque fabuleuse que date l'origine de la secte des Arcoïs, chez lesquels l'infanticide était d'obligation, puisqu'ils massacraient tous leurs enfants dès leur venue au monde.

Pendant qu'à bord de l'*Aube* et de la goélette *Papeete* se faisaient les préparatifs de débarquement, le peuple de Bora-Bora qui s'était porté sur le débarcadère et le rivage, faisait entendre des accords d'une douteuse harmonie, tirés d'instruments très primitifs, conques marines et vivos ou flûtes rudimentaires.

A trois heures de l'après-midi le cortège officiel descendit à terre, et devant la reine, le prince Hinoï, son cousin et époux divorcé, les chefs et le peuple assemblés, l'on amena le pavillon de Bora-Bora qui fut remplacé par les couleurs françaises.

Comme à Huahiné, des amuramaa, des himéné, des Upa-Upa, des feux d'artifice, suivirent la cérémonie de prise de possession.

Le commissaire général, soucieux de mener à bon terme sa mission, envoya l'*Aube* à Tahaa et à Raïatéa, pressentir les dispositions des indigènes, pendant que lui-même travaillait sans relâche à l'organisation administrative des îles qui avaient accepté notre domination.

L'*Aube* reparut après trois jours d'absence et l'on apprit qu'après d'interminables pourparlers, les gens de Tahaa, très divisés et très perplexes aussi, avaient refusé d'accueillir le fonctionnaire que l'on se disposait à installer chez eux.

Les nouvelles de Raïatéa n'étaient point meilleures. En présence d'une telle situation et en attendant le retour de l'*Aube* qui ramenait à Papeete M. le gouverneur Papinaud et sa suite, le commissaire général séjourna sur les lieux, retenant auprès de lui des interprètes et M. le garde d'artillerie Gourmarel qui fut installé à Bora-Bora, en qualité de vice-résident.

Si l'habileté, la patriotique patience de M. Chessé avaient jusqu'à ce jour triomphé de tous les obstacles, elles devaient maintenant se trouver à une rude épreuve, en présence de l'aveugle entêtement des réfractaires que poussaient à la résistance, de façon occulte naturellement, un sérieux contingent de résidents étrangers, grossi des ennemis personnels du commissaire général, et, par suite, de la France.

Les résidents étrangers (commerçants et colons) avaient la conviction que la mission du commissaire général excluait l'emploi de la force, et en répandaient partout l'assurance, afin d'encourager une résistance qui aboutirait au maintien d'un état de choses très avantageux pour l'écoulement des produits introduits en fraude ou contrebande dans ces parages.

M. Chessé se rendit à Uttérea, résidence de notre administrateur à Raïatéa ; après avoir, mais vainement, essayé de parlementer avec les rebelles, il résolut de se faire conduire par l'*Aube* dans la baie d'Avera, à proximité du camp des réfractaires, puis s'installa sur ce point où se trouvait la reine d'Avera.

Alors, durant plus de deux mois, sans se laisser rebuter par aucun contre-temps, par la duplicité des naturels, insoucieux des critiques malveillantes et intéressées de quelques Européens, le commissaire général combattit pied à pied pour arriver à la solution qui devait compléter son œuvre en assurant à la France la pacifique et définitive possession des Iles-sous-le-Vent. A la suite de réunions quotidiennes, d'innombrables projets ébauchés et rejetés, M. Chessé quitta les îles, ayant pu obtenir de la reine d'Avera que le pavillon du protectorat de 1880 remplacerait celui de Raïatéa, et qu'elle remît ses pouvoirs entre les mains de notre vice-résident, M. Bulseng.

L'apparente soumission de la reine eut pour effet de détacher d'elle le chef Teraupo, resté toujours invisible pendant les négociations, et qui, toujours plein d'une croissante hostilité, continuait de prélever, comme par le passé, une redevance de quelques piastres sur tous les Français qui s'aventuraient sur ce qu'il appelait « son territoire ».

Exténué par le travail et les veilles qu'avaient nécessités des négociations difficiles à conduire, M. Chessé rentra le 25 décembre 1895 à Papeete.

L'*Aube* trouva dans le port l'aviso italien *Colombo*, à bord duquel le prince Louis de Savoie, duc des Abruzzes, voyageait en qualité de lieutenant de vaisseau.

Les visites d'usage furent échangées au bruit du canon, et le lendemain un déjeuner, en l'honneur du prince Louis, réunissait, dans la Fare-han du commissaire général, coquettement décorée de fleurs, de feuillages, de drapeaux, avec l'état-major du *Colombo*, une quarantaine d'invités.

Un magnifique diadème blanc en piafut, au commencement du déjeuner, posé sur la tête du prince Louis agréablement surpris de la coutume, en même temps qu'un superbe panache de réva-réva était piqué sur son épaule droite. Les femmes de service couronnèrent les autres convives, aux applaudissements des curieux qui avaient envahi le jardin de la résidence de M. Chessé.

Des paroles empreintes de la plus grande cordialité furent échangées entre les autorités françaises et leurs hôtes, que l'on reconduisit jusqu'au quai, aux accents des hymnes nationaux. La fanfare ne se tut que lorsque le *Colombo*, prêt à prendre la mer, se mit en route, à destination de Vancouver.

Ce même jour, on apprenait au chef-lieu que Teraupo et ses partisans, jetant le masque, avaient arboré les couleurs anglaises à Raïatéa.

L'*Aube*, une fois de plus, ayant cette fois à son bord le consul de S. M. britannique, M. Simons, se rendit aussitôt sur les lieux, et sur le refus des rebelles d'amener le pavillon anglais, malgré les vives instances du consul, notre aviso fit usage de ses canons, puis rallia Papeete.

Huahiné et Bora-Bora définitivement annexées à la France, le pavillon du protectorat de 1880 hissé à Avera, la division semée entre les rebelles de Raïatéa-Tahaa, jusqu'alors unis par l'espoir de voir se réaliser de chimériques promesses, tels étaient les résultats de la mission de M. Chessé qu'un succès complet eût couronnée si des pouvoirs plus étendus eussent permis au commissaire général l'emploi de moyens coercitifs, de la force qui, peu après, devait avoir raison de toutes les résistances.

IV

Le 5 janvier 1896, après un séjour de cinq mois en Océanie,

ILES SOUS LE VENT. — LES VOLONTAIRES TAHITIENS POUR L'EXPÉDITION DE RAÏATÉA
D'après une photographie de M. Agostini.

M. Chessé reprenait le chemin de la métropole. M. Papinaud le suivait bientôt et remettait, le 1er avril, ses pouvoirs à M. Gallet, alors directeur de l'Intérieur, à qui était réservé l'honneur de clore pour la France, l'ère des difficultés aux Iles-sous-le-Vent. Nul n'était mieux qualifié pour une tâche pareille. La part qu'il avait prise en 1878 à l'œuvre de répression de l'insurrection canaque en Nouvelle-Calédonie, et depuis, à la pacification des tribus révoltées, lui avaient valu la croix de la Légion d'honneur.

Son premier soin, comme gouverneur intérimaire, fut de compléter l'œuvre que la malveillance et la perfidie des ennemis de la France avaient empêché M. Chessé de conduire à bonne fin.

Après une minutieuse étude de la question des Iles-sous-le-Vent, et des moyens propres à en hâter la solution, après avoir entendu tous les avis, les opinions les plus contradictoires, celles qui tendaient à représenter Teraupo et ses partisans comme de redoutables adversaires, et celles qui les désignaient comme un médiocre obstacle à l'achèvement de l'œuvre commencée, puisant à toutes les sources des renseignements dont il savait tirer profit, M. Gallet, sans prendre le contre-pied d'aucune des mesures arrêtées par ses devanciers, transmettait au département des colonies le résultat de son enquête.

Egalement perplexes étaient à Tahiti les partisans de Teraupo et les Français qui désiraient ardemment une prompte répression des rebelles. Des deux côtés on attendait anxieusement l'heure d'un dénouement que l'on sentait inévitable en présence de l'anarchie qui régnait à Raïatéa-Tahaa.

Rien ne transpira durant de longs mois, mais le 19 novembre 1896 au matin, la vue des casques blancs de deux compagnies d'infanterie de marine sur le pont de l'*Aube* qui arrivait de Nouméa, réveilla l'espérance dans certains cœurs, la crainte au fond des âmes troublées, chez tous une ardente et légitime curiosité.

Enfin, quarante jours après, le croiseur *Duguay-Trouin*, attendu d'Amérique, mouillait dans la rade, et toutes les troupes de terre et de mer, ainsi que 50 volontaires tahitiens auxquels les dames françaises de Papeete offrirent un drapeau d'honneur, étaient embarqués, le cœur plein de joie, puisqu'ils allaient combattre pour la France.

Le 26 décembre 1896, à 5 heures du soir, le *Duguay-Trouin* et l'*Aube* sur lequel flottait le pavillon du gouverneur, levaient l'ancre aux acclamations de la foule massée sur les quais pour adresser à nos soldats les vœux ardents de tous les Français pour l'heureuse issue de l'expédition.

Désireux d'éviter une effusion de sang, M. Gallet avait envoyé auprès des rebelles un parlementaire qui faillit être mis en pièces.

Malgré cet accueil et avant d'engager les hostilités, le gouverneur, à son débarquement à Uturoa, voulut cependant adresser aux rebelles cet ultimatum :

Aux rebelles de Raïatéa et de Tahaa,

Vos affronts répétés au pavillon français ont lassé la patience du gouvernement de la République.

Je viens donc, avec des soldats et des navires de guerre, pour vous contraindre à déposer vos armes et à rentrer dans l'obéissance.

Je vous accorde un nouveau et dernier délai de quatre jours pour écouter la voix de la raison et faire votre soumission complète.

Si, à l'expiration de ce délai, mon appel n'a pas été entendu, les troupes dont je dispose marcheront contre vous, et vous serez châtiés comme vous le méritez. Je vous préviens en outre que si vous m'obligez à employer la force armée, je confisquerai les territoires que vous occupez et prendrai à l'égard de vous toutes les mesures les plus sévères.

Je vous somme donc d'avoir à évacuer vos districts sans aucun retard et à vous rendre avec vos chefs, vos familles, vos armes et vos munitions, vendredi prochain 1ᵉʳ janvier, avant 7 heures du matin, sur les lieux suivants :

1° Les rebelles de Tahaa, avec leurs femmes et leurs enfants sur l'îlot Toahotu;

2° Les rebelles de l'Opoa sur l'îlot Iriru ;

3° Et ceux de Tavaitoa sur les îlots Tahu-Nave et Torea.

Un pavillon blanc devra être hissé à l'heure fixée sur chacun de ces points, pour indiquer que vous avez obtempéré à la présente sommation.

Fait à Uturoa, le 27 décembre 1896,

Le Gouverneur,

Signé : G. GALLET.

1,700 indigènes répondirent à cet appel.

La reine d'Avera, à moitié soumise par M. Chessé, renonçant à son attitude tantôt équivoque, tantôt hostile, et se décidant à suivre les sages conseils du Dʳ Rousselot, médecin de 1ʳᵉ classe des colonies à Raïatéa, la reine, dis-je, se rendit tout en larmes auprès du gouverneur et fit sa soumission.

Téraupo, avec les naturels du district de Tévaïtoa et de l'île Tahaa s'étaient renfermés dans le mutisme le plus complet, refusant de faire connaître leurs intentions, bercés peut-être par l'espoir que la démonstration de nos bateaux aurait un caractère aussi pacifique qu'en 1895.

Escomptant notre longanimité, ignorant le danger que leur faisaient courir ceux qui excitaient leur fanatique sentiment, les rebelles avaient osé déclarer « qu'ils feraient de petits morceaux des taata faroni (Français), qui oseraient les combattre. »

Ils ne devaient pas tarder à s'apercevoir que si le succès justifie parfois un acte audacieux, jamais il n'accompagna un acte de démence.

Le premier janvier au matin, M. le capitaine de vaisseau Bayle, commandant la division navale du Pacifique et dont le guidon flottait sur le *Duguay-Trouin*, fit sonner le branle-bas de combat : c'était pour les rebelles l'heure suprême de l'expiation.

Le 3 janvier, dans un premier engagement, 17 des insurgés,

M. JULES AGOSTINI.

embusqués au nombre de 80 dans une tranchée, à l'ancien marais de Tevaïtoa, payèrent de leur vie leur incroyable folie.

Cette première leçon leur fut infligée par la colonne du vaillant commandant de l'*Aube*, M. le capitaine de frégate Cocheprat, élevé depuis au grade de capitaine de vaisseau. Il fallut larder à coups de baïonnettes tous ces fanatiques armés de fusils, de harpons, d'engins de toute nature, qui opposèrent à nos soldats une résistance désespérée. Cette unique défaite suffit à jeter le désarroi dans le camp de Teraupo. Beaucoup de ses partisans, revenus à une plus saine appréciation de la situation, se rendirent à la discrétion

des autorités françaises. D'autres sur lesquels pesaient sans doute
une plus lourde responsabilité, redoutant les conséquences de leur
conduite et les rigueurs d'un juste châtiment, s'enfuirent dans les
montagnes. Bien que déjà le sort de l'expédition fut décidé, il fallut encore près de quarante jours d'escarmouches, de courses, de
marches par des pluies incessantes, dans un pays excessivement
boisé autant qu'accidenté, pour arriver à capturer tous les rebelles.

Teraupo, avec sa femme et la cheffesse de Tevaïtoa qui avaient

ILES SOUS LE VENT. — INDIGÈNES DE L'ILE HUAHINÉ
D'après une photographie de M. Agostini.

fait le coup de feu, furent pris par leurs compatriotes le 16 février 1897. Ce jour marquait la fin de la campagne commencée le
1er janvier.

Nous n'eûmes dans cette expédition qu'une douzaine de blessés,
mais malheureusement l'un d'eux, le sergent-major Gilbert suc-
comba à l'hôpital militaire de Papeete, des suites d'un coup de
fusil qu'il avait reçu au genou. La population lui fit de magni-
fiques funérailles, celles que l'on doit aux soldats tombés au champ
d'honneur.

Le succès de nos armes fut fêté à Papeete. La société philhar-
monique tahitienne organisa dans le palais Pomaré une soirée
musicale dont le produit fut employé à offrir des rafraîchisse-
ments aux militaires et marins qui avaient pris part à l'expédition. De son côté, la municipalité offrit un punch au corps expédi-

tionnaire, et le curé de la ville saisit cette occasion pour convier à un *Te Deum* toutes les notabilités de la colonie.

Le *Duguay-Trouin* et l'*Aube* ramenèrent en Calédonie les troupes qui en étaient venues pour assurer le rapide succès de la campagne.

Les volontaires tahitiens, au complet, suivant le drapeau qui leur avait été donné par les dames françaises, se retirèrent dans leurs districts, conduits par le chef Tetuanni, de Mataéia qui, peu après, fut décoré de la croix de la Légion d'honneur.

Quant aux rebelles, 116 d'entre eux exilés à l'île Uauka (groupe des Marquises) ont été, pour la plupart, je crois, l'objet d'une mesure gracieuse, à l'occasion de la fête du 14 juillet 1897, de la part de M. Gabrié, arrivé comme gouverneur de Tahiti le 31 janvier, vers la fin des opérations.

Teraupo, sa femme et la cheffesse de Tevaïsoa, avec six autres meneurs, furent dirigés sur la Nouvelle-Calédonie, dans les parages du cap Colnett où ils mènent une paisible existence, sous des cieux aussi cléments que ceux de Raïatéa.

Ainsi s'est enfin accomplie, après avoir passé par tant de phases diverses, depuis 1842, l'annexion des Iles-sous-le-Vent de Tahiti, à la France.

Leur possession nous était indispensable pour éloigner des eaux tahitiennes toute influence rivale qui pût être une cause de troubles en temps de paix et de danger grave en cas de guerre.

Le groupe annexé des Iles-sous-le-Vent, forme, dans nos possessions polynésiennes, un établissement secondaire distinct de tous les autres, que l'administration a eu la sage précaution de soustraire à l'action néfaste de la politique locale, et à la non moins néfaste action de ceux qui escomptaient déjà l'honneur de le représenter au sein du Conseil général. (1)

(¹) Raiatéa acquiert, par cette annexion définitive des Iles-sous-le-Vent, toute l'importance que nous avons indiquée plus haut. Sa position offre à tous les points de vue un panorama délicieux. C'est, comme situation et comme population, la seconde des îles de l'archipel de la Société, Taïti étant la première. Elle a un peu moins de 1,500 habitants. Ceux-ci ne se distinguent point par la sévérité des mœurs, au contraire. De même qu'à Taïti la débauche règne parmi eux. Les hommes se livrent à l'ivrognerie. L'influence des missionnaires protestants a été inefficace sur ces naturels. Beaucoup ont à la vérité, reçu le baptême et suivent les préceptes du christianisme, sous l'œil de ceux qui le leur ont enseigné, mais ces conversions ne sont qu'apparentes et, pour que les mœurs changent, il faut nécessairement une autorité européenne capable de faire prévaloir au moins les principes les plus élémentaires de la morale et de veiller à l'éducation progressive de ces êtres jusqu'ici abandonnés à leurs instincts naturels. Malheureusement, les moyens de civilisation auxquels on aura recours ne donneront pas assez rapidement les résultats que l'on pourrait en espérer, et il est probable que la race maori sera complètement éteinte avant que l'on ait recueilli quelque fruit de cette éducation. Ajoutons que ces Iles-sous-le-Vent sont petites et qu'elles ne pourraient isolément supporter les frais d'une administration coloniale régulière. D'autre part elles se trouvent trop espacées pour pouvoir être sans inconvénient confiées à un seul administrateur. Il serait donc nécessaire de faire supporter tous les frais de celles-ci par la métropole;

Si le vent de la politique doit, un jour, souffler sur ces rivages, il est à souhaiter que ce soit le plus tard possible, c'est-à-dire après l'établissement du cadastre et le percement des routes destinées à relier entre elles les perfides vallées qui n'ont de débouchés que par la mer. Il est en effet nécessaire que la direction et l'exécution de certains travaux ne soient dictés que par des raisons d'intérêt général, sans être subordonnées à l'opinion de personnes d'une compétence douteuse et d'une discutable impartialité.

La tranquillité règne maintenant aux Iles-sous-le-Vent, et s'il prend fantaisie aux poètes de connaître les sœurs de la petite Rarahu, native de Bora-Bora, ils n'auront plus à redouter d'avoir à payer tribut au farouche Teraupo. Ils peuvent accorder leur luth, comme il convient, pour chanter les légendes et les dernières infortunes maories, comme le « charme pénétrant et sauvage » qu'on trouve au fond des gorges profondes, des grottes hospitalières, au pied des monts dont les pics sourcilleux projettent si loin sur l'Océan leur interminable cône d'ombre, à l'heure où le soleil paraît à l'horizon ou se replonge au sein des flots.

La France a un intérêt supérieur à la conservation de nos possessions océaniennes.

et de renoncer au régime douanier institué dans les établissements français de l'Océanie par le décret du 9 mai 1892. On sait qu'aux termes de ce décret qui frappe de divers droits les produits importés dans ces établissements toute marchandise entrant dans la colonie, qu'elle soit passible ou non de ces droits, doit être déclarée au service des contributions.

Plusieurs objets sont toutefois exemptés de ces droits, tels que ceux introduits pour le compte de l'État, de la colonie ou des communes et aussi les matières premières destinées, à la réexportation ainsi que certaines denrées coloniales, excepté le café. Ces droits, quelque faibles qu'ils soient dans la plupart des cas sont encore trop élevés pour des habitants qui n'ont par eux-mêmes aucune ressource. Il importe en outre de considérer que ces naturels constituent une race d'une grande mollesse, accoutumée à l'indépendance, hostile à l'élément européen, qu'elle fuit par crainte et devant laquelle peu à peu elle s'éteint. Les usages européens auxquels on voudrait la soumettre, comme l'emploi de vêtements, etc., ne fait qu'accélérer cette extinction. La perte de leurs terres qui les faisaient vivre et où s'établissent les blancs les réduit à la misère, et les spiritueux que les Anglais leur ont appris à boire achèvent l'œuvre de destruction. La seule mesure qui aurait quelque chance d'arrêter cette dépopulation fatale serait d'initier et d'intéresser les indigènes au commerce, de leur en faire saisir la valeur et le bénéfice, mais cette tâche est très compliquée et elle ne peut s'entreprendre que dans des conditions toutes différentes de celles qui ont été pratiquées par les missionnaires anglais, restés si longtemps les maîtres de l'archipel. Ces missions n'eurent pas un caractère exclusivement apostolique. L'apostolat se transforma assez vite en opération commerciale. L'éducateur devint un maître et l'éducation se réduisit à quelques notions sommaires, principalement à des pratiques religieuses. Une fois la conversion réalisée, le missionnaire s'arrogea le monopole du commerce d'exportation et d'importation, imposa des péages aux navires étrangers, etc. Tout cela ne contribua, en somme, qu'à enrichir le marchand en appauvrissant l'indigène. Les missionnaires expliquèrent cet appauvrissement en prétendant que les Polynésiens succombaient aux lois inéluctables qui les rendent si inaptes à la civilisation. Mais est-il bien prouvé que la faute n'incombait pas surtout à cette propagande de la Bible couvrant une affaire de spéculation? Quoi qu'il en soit, on ne fera rien d'utile et d'efficace si l'on n'abandonne pas le système suivi dans le passé pour en inaugurer un plus propre à atteindre le but.

La mise en état de défense de Port-Phaéton à Tahiti, la création d'une ligne de paquebots français reliant directement Papeete à Marseille par Nouméa, nous garantiront des attaques de nos ennemis en temps de guerre et contre l'envahissement commercial sans cesse grandissant des produits étrangers.

L'achat, par la colonie, de terrains destinés, après lotissement, à être distribués aux colons, favoriserait le développement d'un pays dont la mise en valeur est intimement liée à la question de la main-d'œuvre si rare et si chère à Tahiti.

Après la réalisation de ces projets, les canons de Port-Phaéton pourront regarder l'horizon avec orgueil et garder jalousement à la France sa perle au sein de l'Océan Pacifique.

Jules Agostini.

IDOLE DES ILES SOUS LE VENT.